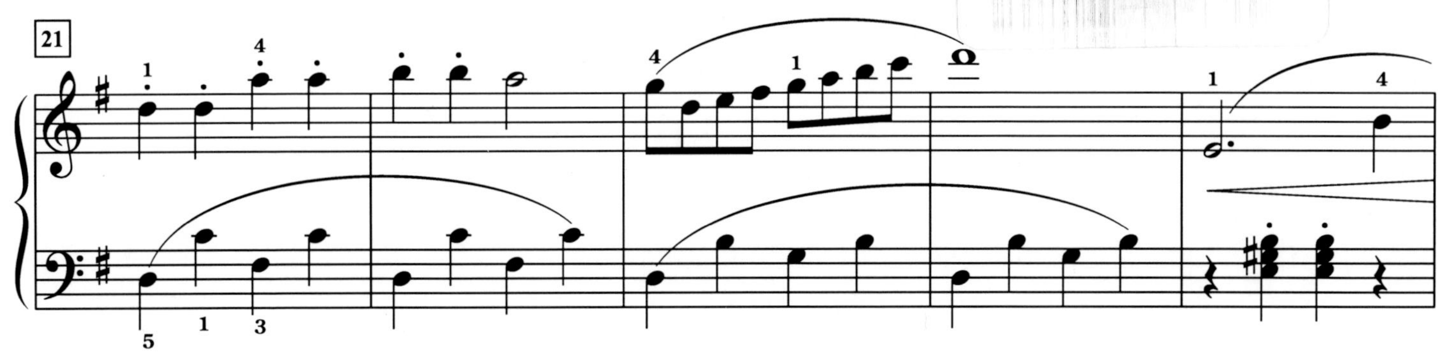
21
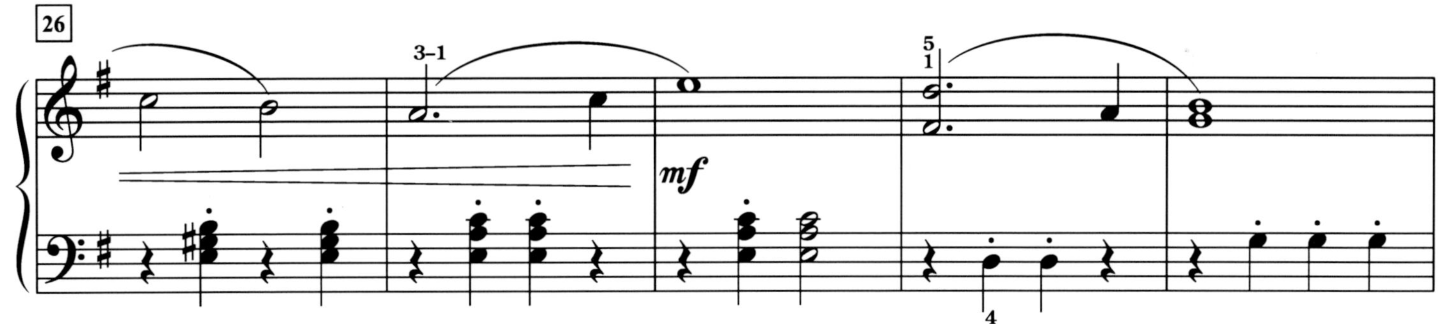
26
mf
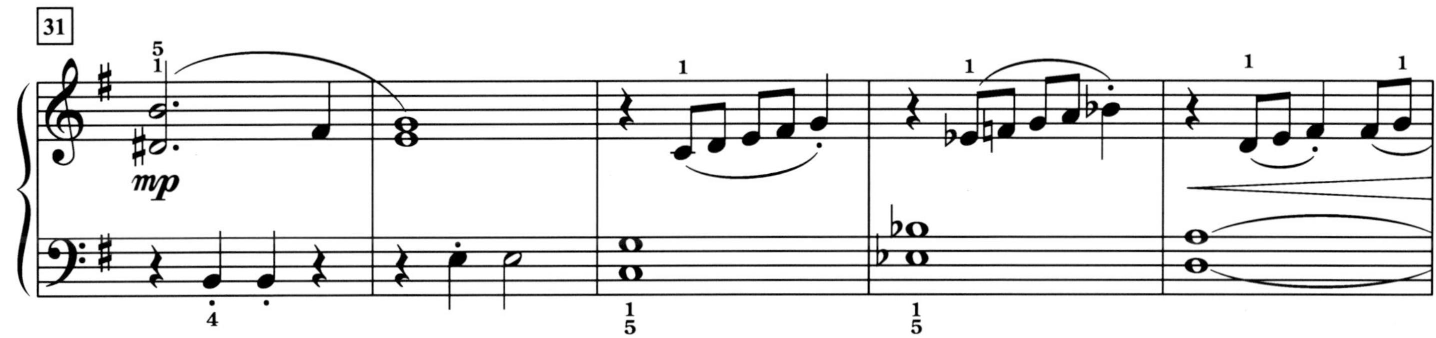
31
mp

36
a tempo
rit.
mf
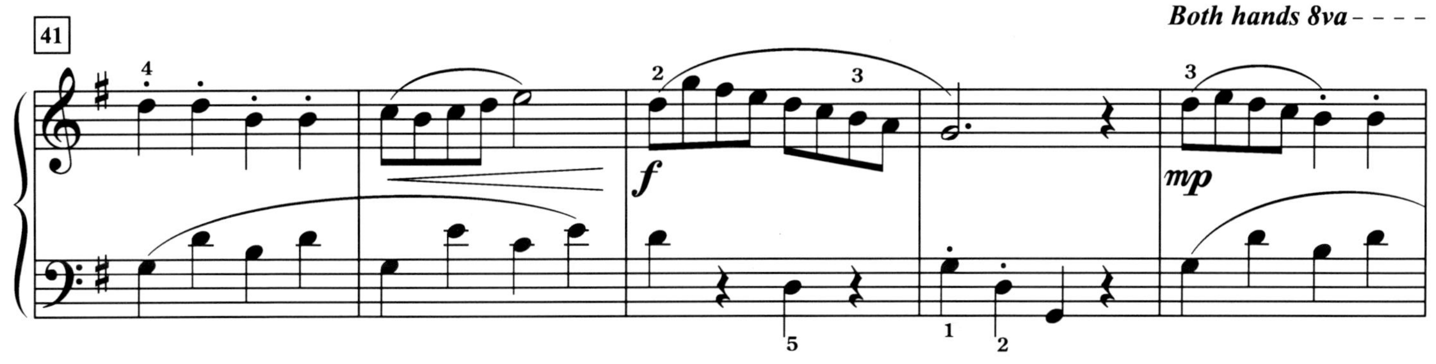
Both hands 8va - - - -
41
f
mp

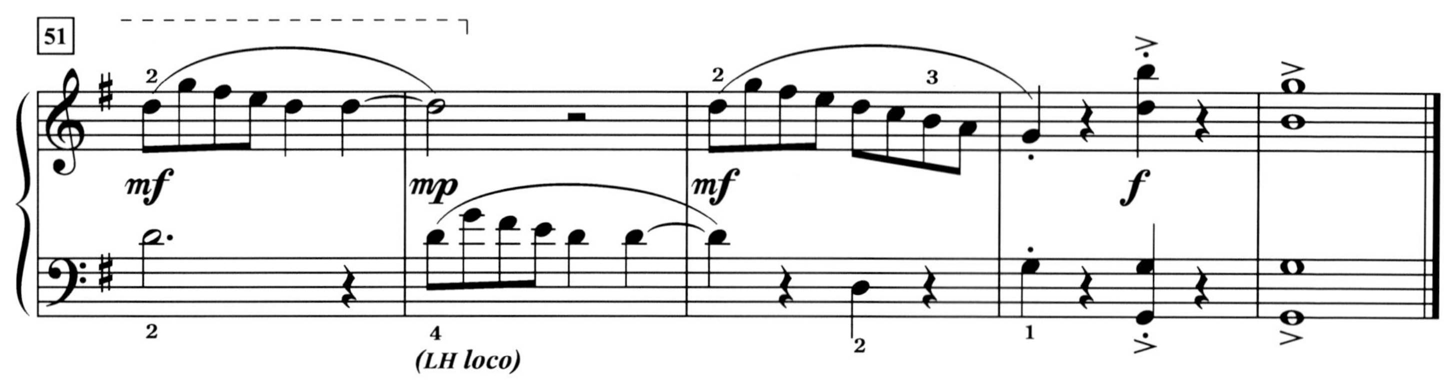

II.

to Coda
10
14
mf
p
mp
18
D.C. al Coda
Coda
23
mf
27
mp   molto rit.
pp

III.

Martha Mier